AF236046

Pâtanjali
Die Yoga-Sûtren

In aktuelles Deutsch übertragen
und mit Kommentaren versehen von
Detlef B. Fischer

Einleitung zu den Yoga-Sûtren

Einer der berühmtesten Lehrtexte des Yoga, die Yoga-Sûtren, gehen auf den indischen Weisen Pâtanjali zurück, der im 2. Jh. v. Chr. gelebt haben soll. Über den Verfasser, sein Leben, sein Wirken und seine Herkunft ist kaum etwas Konkretes bekannt. Er soll ein Schüler des Ashtavakra gewesen sein, aber gesichert ist diese Schülerschaft nicht. Wahrscheinlicher ist, dass auch an den Yoga-Sûtren mehrere Autoren gearbeitet haben und dass Pâtanjali einer von ihnen, wenn auch vielleicht der Bedeutendste, gewesen ist. Für diese Auffassung spricht auch, dass Indologen aufgrund bestimmter Formulierungen, die sich im Spätbuddhismus finden, das Werk eher ins 4. oder 5. Jh. n. Chr. datieren.

Das Lehrsystem Pâtanjalis kennt acht Stufen: Die beiden unteren Stufen (yama, niyama) beziehen sich vor allem auf die ethischen und moralischen Voraussetzungen der Yoga-Übung. Die Stufen drei und vier (asana, pranayama) behandeln körperliche Aspekte wie Haltung und Atmung. Die Stufen fünf bis acht (pratyahara, dharana, dhyana) sind geistigen Übungen, wie Konzentration, Sammlung und Meditation gewidmet. Die achte Stufe, das Samadhi, gilt als Stufe der Vollkommenheit. In diesem über-bewussten Zustand verschwindet jegliche Dualität und der Geist befindet sich im Zustand der Einheit und Ruhe. Die acht Yoga-Stufen bauen aufeinander auf und führen über verschiedene Schwierigkeitsgrade zur Vollkommenheit.

Nicht ohne Grund werden die Yoga-Sûtren als ein Meilenstein der indischen Religionsgeschichte angesehen. Ihr besonderes Verdienst liegt darin, dass hier weniger philosophisch-religiöse Spekulation, also Kopfarbeit, im Vordergund steht, sondern dass ein praktischer Weg zur Erlösung und Befreiung aufgezeigt wird. Es geht in dieser Abhandlung also nicht nur darum, was es letztlich zu erreichen gibt, sondern es geht vor allem darum, wie, also auf welche Weise die von den großen Weisen postulierten Ziele erreicht werden können. Gerade für westliche Verehrer mystischen Wissens ist dies von großer Wichtigkeit, denn in der gesamten Literatur der europäischen Mystik existiert kein einziges Werk, dass, ähnlich den Yoga-Sûtren, dem spirituell Suchenden eine praktische Methode der Gotteserkenntnis vorlegt.

Pâtanjali

Die Yoga-Sûtren

Erster Teil

Samâdhi Pâda: Über die Versenkung

Jetzt folgen die Anweisungen zur Übung
des Yoga.

*

Yoga ist die Unterdrückung der
Veränderungen des Denkens
(*Konzentration*).

*

Dann befindet sich der Sehende in
seinem eigenen Wesen.

*

In allen anderen Fällen identifiziert sich
der Denkende mit den Vorgängen in
seinem Geist (*vrittis*).

*

Es gibt fünf Arten von Vorgängen im
Geist, einige sind leidvoll, andere ohne
Leid.

*

Diese sind: richtige Erkenntnis, falsche
Erkenntnis, Vorstellung, Schlaf und
Gedächtnis.

*

Direktes Erkennen, Schlussfolgerung
und Überlieferung sind richtige
Erkenntnisse.

*(Mit „Überlieferung" ist eine Erkenntnis
gemeint, die auf der Autorität heiliger
Schriften beruht.)*

*

Falsche Erkenntnis ist eine irrige Ansicht,
die dem in Betracht kommenden
Gegenstand nicht entspricht.

*

Eine bloß auf Wörter gestützte
Erkenntnis, die der Realität nicht
verpflichtet ist, nennt man Vorstellung.

*

Einen Bewusstseinszustand, der ganz
ohne Wahrnehmungsgegenstand
auskommt, nennt man Schlaf.

*

Gedächtnis bedeutet, dass ein vom
Bewusstsein wahrgenommenes Objekt
nicht fortgelassen wird.

*

Die Beherrschung dieser geistigen
Umgestaltungen wird durch Übung
(*abhyâsa*) und Gelassenheit (*vairâgya*)
bewirkt.

*

Übung bedeutet die unablässige
Anstrengung, die geistigen
Umgestaltungen in Grenzen zu halten.

*

Der Zustand wird stabil durch
unablässige und mit vollständiger
Hingabe ausgeführte Übung.

*

Wer frei ist vom Durst nach sichtbaren
oder hörbaren Dingen, befindet sich im
Stand der Gelassenheit und
Selbstbeherrschung (*vasikara*).

*

Die höchste Stufe ist, wenn durch
Erkenntnis der menschlichen Essenz
(*purusha*) der Durst auf die Formen der
Erscheinungswelt (*gunas*) erlischt.

*

Der Zustand der Konzentration
(*samâdhi*) wird als wahre Erkenntnis
(*samprajnâta*) bezeichnet, da er logisches
Denken, Unterscheidungsvermögen,
Seligkeit und das Ende der Ich-Illusion
zur Folge hat.

*

Bei einer anderen Art von Versenkung
(*samâdhi*) bleiben nach intensiver
Übung, in der alle geistigen Aktivitäten
erlöschen, nur Reste vergangener
psychischer Eindrücke bestehen.

*

Das Samâdhi ist die Ursache der
körperlosen Wesen (*Götter*) und jener,
die in die Natur eingehen.

*

Die anderen erlangen dieses Samâdhi
durch Glauben, Energie, Erinnerung,
Meditation und Weisheit.

*

Jene, die intensiv streben, sind am
ehesten erfolgreich.

*

Unterschiede in der Meditation
entstehen durch schwache, mittelmäßige
und starke Intensität (*der Übung*)

*

oder durch Hingabe an den höchsten
Herrn (*ishvara*).

*

Ishvara ist ein besonderes geistiges
Wesen (*purusha*), das unberührt bleibt
von Leid, Handlungen und deren

Verdiensten sowie (*daraus erwachsenden*) Eindrücken.

*

In ihm liegt der höchste Same der Allwissenheit.

*

Er ist der Meister selbst der alten Zeiten, da er der Zeit nicht unterworfen ist.

*

Sein Ausdruck ist die heilige Silbe „OM".

*

Stetige Wiederholung dieser Silbe und die Meditation über sie sollen geübt werden.

*

Dann entsteht ein richtiges Verständnis der Innenschau und Störungen treten nicht auf.

*

Krankheit, Trägheit, Zweifel, Unachtsamkeit, Bequemlichkeit, Vergnügungssucht, falsches Verständnis, Verfehlen des Ziels und Unstetigkeit sind die Ursachen, die die geistige Kraft zerstreuen. Sie sind die Hindernisse (*auf dem Yoga-Weg*).

*

Als Begleiterscheinungen der
Zerstreuung treten Kummer,
Depressionen, Aufregung und
ungleichmäßiges Ein- und Ausatmen auf.

*

Um diesen Hindernissen vorzubeugen,
soll man sich darin üben, die
Aufmerksamkeit nur einem einzigen
Gegenstand zuzuwenden.

*

Angesichts von Glück und Unglück,
Tugend und Laster wird die heitere
Klarheit des Geistes durch das Üben von
Sympathie, Mitgefühl, Freude und
Gleichmut erreicht,

*

oder durch das Ausstoßen und
Zurückhalten des Atems (*in der
Meditation*).

*

Als Ursachen eines festen, unbewegten
Geistes gelten: Meditation über
Einsichten, die man durch Sinnesobjekte
erlangt hat,

*

oder Meditation über einen lichtvollen
Gemütszustand jenseits allen Leids,

*

oder Meditation über einen
Geisteszustand, der von der Begierde
nach Sinnesobjekten frei ist,

*

oder Meditation über Erfahrungen, die
im Traum oder im Schlaf gemacht
werden,

*

oder durch Meditation über etwas, das
man selbst als besonders geeignet
erkannt hat.

*

Ist im Hinblick auf einen gefestigten
Geist die Meisterschaft erreicht, reicht
die Erkenntnis vom kleinsten Atom bis
ins Unendliche.

*

Wenn die Konzentration so weit
fortgeschritten ist, dass der Geist ganz
zur Ruhe kommt, wird er klar wie ein
Kristall und Wahrnehmer,
Wahrnehmung und Wahrgenommenes
verschmelzen vollständig miteinander.

*

Logisches Schlussfolgern beruht auf
einer Mischung aus Gedanken, Worten,
Sinn und Verständnis.

*

Wenn das Gedächtnis gereinigt und von allen Inhalten leer ist und der Sinn allein leuchtet, ist der Zustand jenseits von rationaler Überlegung erreicht.

*

Im Hinblick auf subtile Gegenstände, lässt sich hiermit auch der Unterschied zwischen schlussfolgernden Einsichten und Einsichten, die ohne Schlussfolgerungen zustande kommen, erklären.

*

Diese subtilen Gegenstände haben erst im Unteilbaren ein Ende.

*

Es handelt sich um die vier keimhaften Arten der Versenkung (*samâdhi*).

*

Im Zustand der nicht-schlussfolgernden Betrachtung findet der Geist (*citta*) innere Ruhe.

*

Eine auf diese Weise gewonnene Erkenntnis ist von Wahrheit erfüllt.

*

Das durch Intellekt und Schlussfolgerung erlangte Wissen ist für gewöhnliche Dinge tauglich, aber das aus nichtschlussfolgernder Betrachtung gewonnene Wissen reicht darüber weit hinaus.

*

Die aus dieser Art der Betrachtung gewonnenen Einsichten verdrängen alle anderen, aus Schlussfolgerungen, hervorgegangenen Einsichten.

*

Wenn auch diese nicht-schlussfolgernde Betrachtung unterbleibt, die alle anderen Eindrücke vertreibt, dann entsteht das „Samâdhi" ohne Samen.

Zweiter Teil

Sâdhana Pâda - Die Übung der Konzentration

Der Yoga der Tat (*kriya-yoga*) besteht aus Askese, Studium der heiligen Schriften und Hingabe an das Göttliche.

*

Diese Übung dient dazu, Gewohnheit in Samâdhi zu erlangen und Störungen zu mildern.

*

Die fünf Störungen sind: Unwissenheit,
Ich-Bewusstsein, Wünsche, Abneigung
und Lebensdurst.

*

Unwissenheit (*avidyâ*) ist der Boden, auf
dem auch die übrigen Störungen
beruhen, ob sie sich im schlummernden,
abgemilderten, unterdrückten oder
entwickelten Zustand befinden.

*

Unwissenheit besteht darin, das
Vergängliche für ewig, das Unreine für
rein, das Schmerzvolle für Freude und
das Nicht-Selbst für das Selbst (*âtman*)
zu halten.

*

Ich-Bewusstsein (*asmitâ*) besteht darin,
die Kraft des Wahrnehmens mit dem
Instrument der Wahrnehmung für eins
zu halten.

*

Was am Angenehmen haftet, nennt man
Wünsche (*râga*).

*

Was am Schmerzhaften verweilt, nennt
man Abneigung (*dvesa*).

*

Der Lebensdurst (*abhinivesa*), gekennzeichnet durch den Instinkt zur Erhaltung des Körpers, ist selbst bei den Weisen vorhanden.

*

Diese subtilen Störungen können durch Anstrengungen in entgegengesetzter Richtung (*pratiprasava*) überwunden werden.

*

Ihre wechselhaften (*d.h. geistig-seelischen)* Erscheinungen sind durch Meditation zu überwinden.

*

Die bleibenden Eindrücke vollbrachter Handlungen (*samskâras*) haben ihre Wurzel in diesen Leid verursachenden Störungen. Sie werden in sichtbaren (*d.h. gegenwärtigen*) oder unsichtbaren (*d.h. früheren oder zukünftigen*) Existenzen erfahren.

*

Wenn diese Wurzel existiert, sind Geburt, Lebensdauer und Lebenserfahrungen ihre Früchte.

*

Das Dasein wiederum ist von Freude oder Leiden geprägt, je nachdem, ob es Tugend oder Laster als Ursache hat.

*

Alles ist für den unterscheidenden
Weisen leidvoll, weil es Schmerzen
verursacht. Schmerzen entstehen durch
Unglück, durch das Wissen um die
Flüchtigkeit von Glück, als Folge
unerfüllter Sehnsucht oder wegen der
sich gegenseitig störenden Kräfte der
Natur (*gunas*).

*

Das Leiden, das noch nicht eingetreten
ist, kann man vermeiden.

*

Die Ursache von dem, was vermieden
werden soll, ist die Verbindung des
Sehenden mit dem Gesehenen.

*

Das Gesehene besteht aus Reinheit,
Leidenschaft und Unwissenheit. Es hat
die Form der (*anorganischen*) Elemente
und der Sinnesorgane (*lebendiger Wesen*)
und es dient zur Erlangung von
Erfahrung und zur Befreiung.

*

Die Erscheinungsformen der dreifachen
Kräfte (*gunas*) treten als bestimmt oder
unbestimmt, als nur-angedeutet und als
nicht-zu-bezeichnen auf.

*

18

Mit dem Sehenden ist absolutes Erkennen gemeint, das, obwohl es rein ist, unter dem Einfluss des Verstandes steht.

*

Das Gesehene ist für den Sehenden bestimmt.

*

Für einen, der das höchste Ziel erreicht hat, löst das Gesehene sich auf; doch für die Anderen, die ihm, dem Gesehenen, noch anhängen, bleibt es erhalten.

*

Verbindung des Sehenden mit dem Gesehenen ist die Ursache der Wahrnehmung der beiden Kräfte: der Natur sowie des Purusha, ihres Herrn.

*

Seine Ursache ist Unwissenheit.

*

Die Zerstörung der Verbindung erfolgt durch Beseitigung der Unwissenheit. Daraus folgt die vollkommene Unabhängigkeit (*kaivalya*) des Sehenden.

*

Die Übung der ununterbrochenen Unterscheidung ist das Mittel, Unwissenheit zu überwinden.

(Unterscheidung heißt hier, zwischen dem Wirklichen und dem Unwirklichen zu differenzieren. Wirklich ist allein der Purusha, der zeitlos und unveränderbar ist, unwirklich hingegen sind die Erscheinungen und Veränderungen innerhalb der Natur)

*

Die Erleuchtung, welche das letzte Stadium des achtgliedrigen Yoga-Weges ist, fußt auf sieben Stufen, die der Erleuchtung vorausgehen.

*

Durch das Hinwegfallen von Unreinheit, bewirkt durch Befolgung der Yoga-Prinzipien, leuchtet Erkenntnis auf, die zur unterscheidenden Einsicht führt.

*

Gebote (*yama*) und Disziplin (*niyama*), Sitzhaltungen (*âsanas*), Atembeherrschung (*prânâyâma*), Zurückziehen der Sinne (*pratyâhâra*), Konzentration (*dhâranâ*), Meditation (*dhyâna*) und Versenkung (*samâdhi*) sind die acht Glieder des Yoga.

*

Das Gebot der Enthaltung (*yama*) besteht im Unterlassen von Töten, Lügen, Stehlen, Ausschweifung und Habsucht.

Solche Taten soll man, ganz unabhängig von Kastenzugehörigkeit, Ort, Zeit und Umständen, unbedingt unterlassen.

*

Zur Disziplin (*niyama*) gehören Reinheit, innere Ruhe, Askese, Studium und Hingabe an Gott (*ishvara*).

*

Wenn die Einhaltung dieser Regeln durch störende Gedanken beeinträchtigt wird, muss man sein Denken in die gegenteilige Richtung lenken.

*

Störende Gedanken sind Töten, Lügen, Stehlen und andere. Es spielt keine Rolle, ob diese Gedanken im Sinne eigener Absicht entstehen, ob man daran denkt, solche Taten zu veranlassen oder ob es darum geht, sie gut zu heißen. Gedanken solcher Art können durch Begierde, Zorn oder Verblendung entstehen und sie können von geringer, mittlerer und starker Intensität sein. Da sie endlos viel Schmerz und Unwissenheit zur Folge haben, ist es notwendig, das Denken in die gegenteilige Richtung zu lenken.

*

Feindschaft tritt in Gegenwart von Menschen, die in der Übung von Gewaltlosigkeit (*ahimsâ*) fest geworden sind, nicht auf.

*

Das Resultat der Früchte seiner Handlungen kann der, der in der Wahrhaftigkeit fest verankert ist, sofort herbeirufen.

*

Von allen Seiten fließen dem Reichtümer zu, bei dem das Enthalten von Diebstahl fest geworden ist.

*

Wer sich von Ausschweifungen fern hält, der erlangt große Kraft.

*

Erinnerung an frühere Leben erlangt der, in dem das Enthalten von Habsucht fest geworden ist.

*

Durch die Übung der Reinheit entsteht Widerwillen gegen den eigenen Körper und gegen den Kontakt mit anderen Körpern.

*

Durch die Übung der Reinheit entsteht reines Sattva (*d.h. Heiterkeit des*

Gemüts), Konzentration, Beherrschung
der Sinne und die Fähigkeit, das eigene
Selbst (*âtman*) wahrzunehmen.

*

Die höchste Glückseligkeit entsteht
durch Zufriedenheit.

*

Nachdem die Unreinheiten beseitigt
sind, bringt Askese okkulte Kräfte im
Körper und in den Sinnen hervor.

*

Durch stetiges Wiederholen des Mantra
erlangt man Vereinigung mit der
erwählten Gottheit.

*

Durch völlige Hingabe an Gott (*ishvara*)
erlangt man Versenkung (*samâdhi*).

*

Die Körperstellung (*âsana*) soll fest und
angenehm sein.

*

Durch eine entspannte Sitzhaltung und
Meditation über das Unendliche

*

werden Störungen durch die polaren
Gegensätze vermieden.

*

Wenn dieses bewältigt ist, folgt
Prânâyâma, das ist die Unterbrechung
des Ein- und Ausatmens.

*

Die Atemregelung besteht aus
Ausatmung, Einatmung und
Atemanhaltung, sie wird durch Ort,
Anzahl und Zeit reguliert und ist
entweder lang oder kurz.

*

Die vierte Art der Atemregulierung geht
über die Beziehung zu inneren und
äußeren Gegenständen hinaus.

*

Dann ist das, was den Schein des Lichtes
verhüllt hat, zerstört.

*

Der Intellekt ist fähig zur Konzentration.

*

Das Zurückhalten der Sinne (*pratyâhâra*)
nennt man den Zustand, in dem sich die
Sinne von den Sinnesobjekten
zurückziehen und die dem Denkprinzip
eigene Form annehmen.

*

Dann folgt die höchste Beherrschung der
Sinnesorgane.

Dritter Teil

Vibhûti-Pâda: Über die übernatürlichen psychischen Kräfte

Konzentration (*dharânâ*) ist das Ausrichten des Bewusstseins auf einen bestimmten Gegenstand.

*

Das Verschmelzen mit diesem ist Kontemplation (*dhyâna*).

*

Wenn die Form des jeweiligen Objektes verschwindet und nur noch das innere Bild bestehen bleibt, ist das Versenkung (*samâdhi*).

*

Diese drei (*dharânâ, dhyâna, samâdhi*) zusammen sind Sammlung (*samyama*).

*

Die Meisterschaft hierin führt zum Licht der Erkenntnis.

*

Die Übung von Samyama soll stufenweise angewendet werden.

(Diese Zeile warnt davor, zu schnell voranschreiten zu wollen. Anm. d. Hrsg.)

*

Diese drei (*dharânâ, dhyâna, samâdhi*)
sind mehr von innerer Natur als die zuvor
genannten.

(*Enthaltung/yâma, Zurückhalten der
Sinne/prâtyahara, Regulierung des
Atems/prânâyâma,
Körperhaltung/âsana, und
Disziplin/niyama*).

*

Doch sind auch diese drei Stufen noch
außerhalb des samenlosen Samâdhi
(*nirbija-samâdhi*).

(*Das samenlose Samâdhi ist ein
Bewusstseinszustand, in dem alle
Denkvorgänge zur Ruhe gekommen und
die polaren Trennungen vollständig
überwunden sind. Anm. d. Hrsg.*)

*

Die Beherrschung der unruhigen
Eindrücke und das Emporkommen-
lassen ruhiger Eindrücke führt zur
Verwandlung des Bewusstseins in den
Ruhezustand (*nirodha-parinâma*). In ihm
vermindert sich Zerstreuung und Ruhe
erlangt die Oberhand.

*

Durch das Vorherrschen des stetig
geübten Ruhezustandes fließt der Strom
des Bewusstseins ruhig dahin.

*

Ist der zerstreute Zustand des
Bewusstseins, der sich an die
verschiedensten Gegenstände heften will,
überwunden und der der Konzentration
auf ein einziges Objekt gerichtet, ist die
Verwandlung in den Zustand der
Versenkung erreicht (*samâdhi-
parinâma*).

*

Wenn der vergangene und der zukünftige
Eindruck gleich sind, ist die
Konzentration auf einen Punkt gelungen.

*

Das erklärt die dreifach gegliederte
Verwandlung von Beschaffenheit, Zeit
und Zustand in groben wie
feinstofflichen Elementen und in den
Sinnesorganen.

*

Das sich Verändernde ist das, was mit
den Eigenschaften Ruhe (*Vergangenheit*),
Aktivität (*Gegenwart*), Verborgenes
(*Zukunft*) in wechselseitiger Beziehung
steht.

*

Die Ursache in den Formveränderungen
ist auf die unterschiedliche Reihenfolge
zurückzuführen.

*

Wird die Übung der Sammlung
(*samyama*) auf die drei Arten von
Veränderungen gelenkt, entsteht das
Wissen um Vergangenheit und Zukunft.

*

Wort, Sinn und Verständnis sind unklar,
wenn sie miteinander verwechselt
werden. Die Übung der Sammlung
(*samyama*) ergibt, wenn sie auf jedes der
drei für sich angewendet wird, das
Verstehen aller tierischen Laute.

*

Durch die Wahrnehmung der geistigen
Eindrücke entsteht Kenntnis über die
früheren Existenzen.

*

Durch Ausrichtung der Übung der
Sammlung (*samyama*) auf die
körperlichen Merkmale eines anderen
hin, entsteht das Wissen um seine
Denkungsart,

*

aber nicht um die Gedankeninhalte,
denn sie sind nicht das Objekt.

*

Durch die Übung der Sammlung
(*samyama*) auf die Form des Körpers hin
wird dieser unsichtbar, wenn die

Fähigkeit der Wahrnehmung
unterbrochen und die Verbindung
zwischen Licht und dem Auge
aufgehoben ist.

(*Mit dieser Zeile ist die Fähigkeit eines
Yogi mit hohem Konzentrationsvermögen
gemeint, inmitten eines Raumes
unsichtbar zu werden. Anm. d. Hrsg.*)

*

Karma ist von zweierlei Arten, es kann
schnell oder verzögert wirksam sein.
Durch die Übung der Sammlung
(*samyama*) auf diese Wirkungen hin,
erlangt man Kenntnis über den
Zeitpunkt des eigenen Ablebens und den
Vorzeichen des Todes.

*

Wird die Übung der Sammlung
(*samyama*) auf Freundschaft, Liebe und
ähnliches angewendet, werden die
entsprechenden seelischen Kräfte
hervorgebracht.

*

Wird die Übung der Sammlung
(*samyama*) auf Kräfte hin angewendet,
wird die Kraft eines Elefanten erzeugt.

*

Wird die Übung der Sammlung auf die
Betrachtung des inneren Lichtes
ausgerichtet, erhält man Kenntnis über

Subtiles, Unsichtbares und Entferntes.

*

Wird die Übung der Sammlung auf die
Sonne gerichtet, erlangt man das Wissen
um das Weltall.

*

Wird die Übung der Sammlung auf auf
den Mond gerichtet, erhält man das
Wissen über die Sternenwelt.

*

Wird die Übung der Sammlung auf den
Polarstern gerichtet, ist das Wissen um
die Bewegung der Sterne das Ergebnis.

*

Wird die Übung der Sammlung auf den
Bauchnabel (*chakra*) ausgerichtet, erhält
man Kenntnis von der Beschaffenheit des
Körpers.

*

Wird die Übung der Sammlung auf die
Kehlkopfhöhlung gerichtet,
verschwinden Hunger und Durst.

*

Wird die Übung der Sammlung auf den
„Kûrma-nâdyâm" gerichtet, ist Festigkeit
des Körpers die Folge.

(Mit dem Kûrma-nâdyâm ist eine schildkrötenförmige Höhlung im Bereich des Brustkorbes gemeint. Anm. d. Hrsg.)

*

Wird die Übung der Sammlung auf das vom Kopf ausgehende Licht gerichtet, erlangt man die Wahrnehmung der „Siddhas".

(Die „Siddhas" sind hier Wesen, die in der indischen Mythologie ein Stück unterhalb der Geister angesiedelt sind. Der Begriff „Siddhas" in seiner anderen Bedeutung, wo er die „Vollendeten", also Menschen, die die Vollkommenheit erlangt haben, bedeutet, ist hier nicht gemeint. Anm. d. Hrsg.)

*

Alles dieses Erkennen kann aber auch durch plötzliches Aufleuchten (*pratibhâ*) erreicht werden.

*

Wird die Übung der Sammlung auf das Herz angewendet, erwächst daraus die Einsicht in die Natur des Bewusstseins.

*

Vergnügen ist die miteinander vermischte Wahrnehmung von physischer Existenz (*sattva*) und der Essenz des Menschen (*purusha*), die absolut getrennt sind. Das Vergnügen

bezieht sich auf etwas außerhalb
liegendes, während das Erkennen des
Wesens (*purusha*) durch die Übung der
Sammlung auf sich selbst entsteht.

*

Dann entsteht Intuition (*prâhibat*) und
ein übernatürliches Hören, Tasten,
Sehen, Schmecken und Riechen.

*

Diese übernatürlichen Fähigkeiten sind
Hindernisse in der Versenkung
(*samâdhi*), aber Kräfte im Bereich des
weltlichen Handelns.

*

Durch Schwächung der Ursache des
Gebundenseins an den Körper und durch
Kenntnis der Bewusstseinsprozesse
vollzieht sich das Eingehen in einen
anderen Körper.

*

Durch Meisterschaft über Udâna, den
aufsteigenden Nervenstrom, wird der
Yogi von Wasser, Schmutz und Dornen
nicht berührt und er ist fähig, in andere
Körper einzugehen.

*

Durch die Macht über den verbindenden
Atem (*samâna*) entsteht Lichtglanz.

*

Wird die Übung der Sammlung auf die Verbindung von leerem Raum (*âkâsha*) und dem Ohr ausgerichtet, entsteht übersinnliches Hören.

*

Wird die Übung der Sammlung auf die Verbindung von Körper und leeren Raum (*âkâsha*) und durch Betrachtung leichter Dinge wie Baumwolle gerichtet, erhält der Yogi die Fähigkeit, sich frei durch den Raum zu bewegen.

*

Der Geist, der außerhalb des Körpers und der Veränderungen des Denkens existiert, wird das „große Unkörperliche" genannt. Einsicht in ihn zerstört alles, was den Lichtglanz verhüllt.

*

Macht über die materielle Welt wird erlangt durch die Übung der Sammlung, die auf das Grobe, das Konstante, das Subtile, das alles Durchdringende und das Fruchtbringende gerichtet ist.

*

Dann folgt die übernatürliche Fähigkeit, kleinste Gestalt annehmen zu können, sowie die Vollkommenheit des Körpers und auch die damit verbundene Unverwundbarkeit desselben.

*

Form, Schönheit, Kraft und diamantgleiche Härte bilden die Vollkommenheit des Körpers.

*

Richtet sich die Übung der Sammlung auf die Wahrnehmungskraft, das eigene Wesen, das Ich-Bewusstsein und die Beziehung zu den Eigenschaften (*gunas*), entsteht Macht über die Sinnesorgane.

*

Daraus erwächst dem Körper die Kraft, sich mit der Schnelligkeit eines Gedankens zu bewegen, sich in seiner Wahrnehmung von den körperlichen Organen lösen zu können und es erwächst ihm die Macht über die Urnatur (*pradhâna*).

*

In demjenigen, der auf den Unterschied zwischen physischer Existenz (*sattva*) und der Essenz des Menschen (*purusha*) konzentriert ist, entsteht Macht über alle Umstände und Allwissenheit.

*

Durch das Aufgeben auch der Kräfte der Allmacht und des Allwissens erlangt man völlige Freiheit (*kaivalya*), denn der Samen der Knechtschaft ist zerstört.

*

Wenn der Yogi von himmlischen Wesen besucht oder eingeladen wird, soll er weder mit Freude noch mit Stolz reagieren, weil sich das Üble immer noch wiederholen kann.

*

Weisheit im Unterscheiden entsteht durch die Übung der Sammlung, die auf den gegenwärtigen Moment und die zeitliche Abfolge gerichtet ist.

*

Durch diese Übung können sogar Dinge unterschieden werden, die nach Art, Merkmalen und Ort nicht unterschieden werden können.

*

Die aus der Unterscheidungskraft entstandene Weisheit (*târaka*) umfasst alle Dinge in all ihren Spielarten und sie ist unabhängig von einer zeitlichen Abfolge.

*

Wenn die Reinheit von physischer Existenz (*sattva*) und der Essenz des Menschen (*purusha*) absolut gleich ist, entsteht völlige Freiheit (*kaivalya*).

Vierter Teil

Kaivalya Pâda- Über die Freiheit

Die Wunderkräfte (*siddhis*) sind das
Resultat von Geburt, Pflanzensäften und
Elixieren, Mantra-Singen, Askese und
Versenkung (*samâdhi*).

*

Die Verwandlung in einen anderen
Zustand wird durch das Einströmen der
Urnatur (*prakriti*) hervorgebracht.

*

Die Handlungen des Menschen sind
nicht der wirkliche Grund für die
Veränderungen innerhalb der Natur
(*prakriti*); daher sollte der einsichtige
Mensch wie ein Bauer handeln, der, wenn
er seine Felder bewässern will, die
Hindernisse beseitigt, die dem Lauf des
Wassers entgegenstehen.

*

Erschaffene Geister (*cittâni*) entstehen
allein aus dem Ich-Bewusstsein.

(*Die Idee der „erschaffenen Geister"
ist eine Eigentümlichkeit der Yoga-Lehre.*

Fortgeschrittene Yogis bringen diese Art von „Geistern" hervor, um ihr Karma schneller aufarbeiten zu können. Anm. d. Hrsg.)

*

Der eine ursprüngliche Geist ist die Ursache aller erschaffenen Geister in ihren verschiedenen Tätigkeiten.

*

Daher ist das durch Versenkung (*samâdhi*) geborene Bewusstsein frei von unbewussten Eindrücken.

*

Von Yogis vollbrachte Handlungen sind weder weiß noch schwarz, aber die Werke anderer erscheinen in dreierlei Art.

(d. h. sie sind entweder weiß = gut, schwarz = schlecht oder aus weiß und schwarz gemischt. Anm. d. Hrsg.)

*

Dabei treten nur solche unbewussten Eindrücke in Erscheinung, für die die Bedingungen günstig sind.

*

Obwohl die unbewussten Eindrücke durch Art, Raum und Zeit getrennt sind,

besteht eine kausale Verbindung
zwischen ihnen, die auf der Einheit von
Gedächtnis und Eindrücken beruht.

*

Wegen des unauslöschlichen Wunsches
zu sein, ist kein Anfang zu erkennen.

*

Zusammengehalten durch Ursache,
Wirkung, Grundlage und Abhängigkeit
von Dingen sind mit der Aufhebung
(*dieser Faktoren*) auch die Eindrücke
verschwunden.

*

Vergangenheit und Zukunft verbleiben in
ihrer eigenen Natur, während die
Beschaffenheit der Eigenschaften von
anderer Art ist.

*

Sie sind entweder sichtbar oder
verborgen, denn sie entsprechen den
Kräften der Urnatur (*gunas*).

*

Durch Einheit der Verwandlungen
entsteht die Einheit der Dinge.

*

Obschon Dinge gleichartig sind, werden
sie aufgrund der Verschiedenheit der

subjektiven Betrachtungsweise als unterschiedlich angesehen.

*

Der Färbung des Denkens entsprechend sind Dinge dem Denk-Bewusstsein bekannt oder unbekannt.

*

Die Funktionen des Denk-Bewusstseins sind ihrem Herrn, dem „Purusha", aufgrund seiner Unveränderlichkeit immer bekannt.

*

Das Denk-Bewusstsein ist nicht aus sich selbst leuchtend, da es sichtbar ist.

*

Es ist unmöglich, zwei Dinge zu ein und derselben Zeit zu erkennen.

*

Wenn Erkennen durch ein anderes Denkvermögen stattfinden könnte, müsste es eine unendliche Menge weiterer Erkenner geben, wodurch eine Verwirrung des Gedächtnisses entstehen würde.

*

Wenn der sich nie ändernde Geist (*cit*) Gestalt gewinnt, dann wird er sich seines eigenen Erkennens bewusst.

*

Das sowohl den „Sehenden“ wie auch das
„Gesehene“ umfassende Denkvermögen
ist im Stande, alles zu verstehen.

*

Obgleich es durch unzählige unbewusste
Eindrücke (*vâsanâs*) gefärbt ist, handelt
es für einen anderen (*für den purusha.
Anm. d. Hrsg.*), denn es handelt in
Verbindung mit diesem.

*

In jemandem, der den Unterschied
erkannt hat, hört die Vorstellung, dass
das Denkvermögen der Âtman sei, auf.

*

Dann neigt sich das Denkvermögen der
klaren Unterscheidung zu und ist erfüllt
von völliger Freiheit (*kaivalya*).

*

Oft werden die klaren Unterscheidungen
unterbrochen und es steigen hinderliche
Gedanken auf, die von unbewussten
Eindrücken herrühren.

*

Ihre Zerstörung geschieht auf die gleiche
Weise, wie die Zerstörung der
Unwissenheit oder der Ich-Illusion.

*

Wer in der unterscheidenden Erkenntnis
geübt und weit fortgeschritten ist und
auf die Früchte seiner Werke verzichtet,
dem wird die höchste Versenkung
(*samâdhi*) zuteil, die auch als „Wolke der
Tugend" (*dharma-megha*) bezeichnet
wird.

*

Dann folgt das Aufhören von Störungen
und von Karma.

*

Dann wird, wegen der Unendlichkeit der
Erkenntnis, die frei von jedweder Hülle
und Unreinheit ist, das noch zu
Wissende gering.

*

Dann endet die Aufeinanderfolge der
Verwandlungen der natürlichen Kräfte
(*gunas*), denn sie haben ihren Zweck
erfüllt.

*

Der Fluss der Zeit wird als
Aufeinanderfolge von Momenten erkannt
und erst bei den letzten Verwandlungen
als Zeit wahrgenommen.

(*Patanjali erklärt hier die Illusion der
Zeit. Zeit ist für ihn eine Aufeinanderfolge
von gegenwärtigen Momenten. Einen*

Fluss zeitlichen Geschehens gibt es nicht wirklich, sondern nur in zurückschauender Betrachtung. Anm. d. Hrsg.)

*

Vollkommene Freiheit (*kaivalya*) bedeutet das Zurücktreten der natürlichen Kräfte (*gunas*), weil deren Handeln für die Essenz des Menschen (*purusha*) jetzt sinnlos geworden ist; oder, anders gesagt, kaivalya ist die Gestalt einer Seele, die mit sich selbst eins geworden ist.

Glossar:

A

abhâva – Nicht-Existenz

abhyâsa – Übung, Yoga-Praxis

advaita – Nicht-Zweiheit

ahimsa – Gewaltlosigkeit

akarma – Nicht-handeln, eine Handlung, die keine Reaktion verursacht

âkâsha – Das Alldurchdringende, Äther oder auch der leere Raum

ânanda – Wonne, Freude, Seligkeit

asat – Zeitgebunden, nicht-ewig, die Eigenschaft alles Materiellen

âsana – Sitzhaltung, Körperstellung im Yoga

asmitâ – Ich-Bewusstsein, Ich-Illusion

âtman – Das göttliche Selbst, das allen Dingen und den Menschen innewohnt

avidyâ – Nicht-Wissen, Unwissenheit in Bezug auf existentielle und metaphysische Gegebenheiten

B

baddha – Unerlöst, gefesselt, gebunden

bhagavân – Der Erhabene, einer, der vollkommen selbstverwirklicht ist

bhakti – Anbetung, Hingabe

bhakti-yoga – Yoga-Weg der Hingabe an das Göttliche; ohne den Aspekt der Hingabe bleiben Erkenntnis und Handeln seelenlos und leer

bhoga – wörtl. Essen, Genuss. Der Begriff wird vor allem im Hinblick auf den Genuss weltlicher Freuden gebraucht und ist damit ein Gegenbegriff zu Erlösung und Freiheit.

brahmâ - Innerhalb der hinduistischen Trinität (*trimûrti* = *brahma-vishnu-shiva*) vertritt der Gott Brahmâ den Aspekt der Schöpfung. Nicht zu verwechseln mit >brahman.

brahma-nirvâna – Zustand der Seligkeit und der Befreiung von weltlichen Bindungen.

brahma-sûtra – Aphorismensammlung der Vedânta-Philosophie, auch als Vedânta-sûtra bekannt

brahman – Das All-Eine, Allumfassende, Göttliche; zentraler Begriff des Hinduismus, der den unpersönlichen, gestaltlosen Aspekt des Göttlichen bezeichnet

buddhi – Unterscheidungskraft, Intelligenz

buddhi-yoga – Bezeichnet den „Yoga der unterscheidenden Weisheit"; Selbsterkenntnis wird in dieser Form des Yoga durch wachsendes Unterscheidungsvermögen gewonnen.

C

cit – Reines oder absolutes Bewusstsein, das ohne Verlangen, Leidenschaften und Egoismus ist

citta – Das Wort entspricht in etwa dem, was wir im Deutschen als „Geist" bezeichnen. Es umfasst die geistig-seelischen Funktionen des Menschen.

cittâni – Die sog. „erschaffenen Geister" werden von fortgeschrittenen Yogis bewusst erzeugt, um die Wirkung vergangener Handlungen (>*karma*) schneller unwirksam werden zu lassen.

D

devas – Halbgötter; Wesenheiten, die zwischen Göttern und Menschen stehen; in der westlichen Kultur den Engeln vergleichbar

dhârâna – Aufmerksamkeit, Ausrichtung des Geistes auf einen Gegenstand; sechstes der acht Glieder des Yoga-Pfades

dharma – Ewiges Gesetz, kosmische

Ordnung; bezeichnet im Buddhismus die Lehre des Buddha

dhyâna – Meditation; das Sanskrit-Wort „Dhyâna" führt in direkter Linie über das chinesische „Chan" zum japanischen Begriff „Zen".

dukkha – Leiden im Sinne der grundlegenden Leidhaftigkeit des Daseins

dvaita – Zweiheit, Dualität

G

gunas – die drei Grundeigenschaften der Natur „sattva-guna", „raja-guna" und „tama-guna"

guru – wörtl. schwer, gewichtig; spiritueller Lehrer

H

hatha-yoga – der Yoga der Atem- und Körperbeherrschung. Hatha-Yoga wird in Europa als Inbegriff des Yoga angesehen, ist in Indien aber nur eine der zahlreichen Yogaformen.

himsâ – Gewalt, Grausamkeit. Gegenbegriff zum bekannteren >ahimsâ = Gewaltlosigkeit

I

indra – König der Götter

ishvara – Herr, Meister; Gott in seiner herrschaftlichen, allmächtigen Gestalt

J

jiva – die individuelle Person, das „Ich"

jivan-mukta – lebendig-erlöst; jemand, der zu seinen Lebzeiten die Erleuchtung erlangt hat

jnâna – Wissen, Weisheit, spirituelle Einsicht

jnâna-yoga – Yoga der Erkenntnis; einer der Hauptrichtungen des Yoga. Einsicht in das allumfassende Brahman wird durch unterscheidende Weisheit und meditative Übungen gewonnen.

K

kaivalya – Losgelöstheit, Zustand der vollkommenen Erlösung und Befreiung.

kalpa – Weltzeitalter, Weltperiode; die ungeheure Zeitspanne, in der ein Universum entsteht und wieder vergeht, ist für Brahmâ nur ein Tag und eine Nacht.

kâmaduh – mythische Kuh des Gottes Indra, die die Fähigkeit hat, alle Wünsche zu erfüllen

karma – wörtl. Handlung, Tat; wichtiger
Begriff im Hinduismus und Buddhismus,
der verschiedene Bedeutungen umfasst.
Am bekanntesten ist er im Sinne von
„Vergeltung begangener Taten", was zu
neuen Geburten führt.

karma-yoga – Yoga-Weg des Handelns;
der Karma-Yogi bringt sein Tun und die
Früchte seines Tuns Gott als Opfer dar.

krishna – vollkommene Inkarnation des
Gottes Vishnu; Hauptfigur in der
Bhagavad-Gita

kriya-yoga – Yoga der heiligen
Handlungen; der Kriya-Yoga besteht aus
Askese, Studium und Hingabe an Gott.

M

mantra – Gebetsformel; durch das
Wiederholen heiliger Silben wird ein
besonderer, meditativer Geisteszustand
hervorgerufen.

mâyâ – Illusion, Täuschung; im
Hinduismus gilt der „Schleier der Mâyâ"
als das, was der Erkenntnis der Alleinheit
allen Seins im Wege steht. Die
wesentlichen Aspekte der Mâyâ, die den
Geist vernebeln, sind Vielfältigkeit,
Zeitlichkeit und Körperlichkeit.

moksha – Erlösung, Befreiung; im Yoga wird dieser Aspekt >kaivalya genannt.

mukta – befreit, erlöst, ungebunden

muni – ein Weiser

N

nirodha – Anhalten, Stillegen, Zur-Ruhe-kommen

nirvana – wörtl. „Verlöschen", „Verwehen"; Zustand der Befreiung von allen weltlichen Bindungen

niyama – Disziplin, Selbstbeherrschung; zweites der acht Glieder des Yoga-Pfades

O

OM – Urklang, Ursilbe; aus dem heiligen OM, dem lautlichen Ausdruck der Urschwingung, ist das Universum hervorgegangen.

P

paramâtman – das höchste Selbst, die ewige, unvergängliche Seele bzw. der Kern des Menschen

patanjali - Verfasser der Yoga-Sûtren, Lehrer des achtfachen Yoga-Weges (raja-yoga).

prajnâ – Weisheit, Erkenntnis

prakriti – Urnatur, Urmaterie; aus der Prakriti, die von den drei Eigenschaften (>gunas) bestimmt wird, entsteht das phänomenale Universum.

prâna – Atem, Lebenskraft

prânâyâma – Regelung der Atemtätigkeit; viertes der acht Glieder des Yoga-Pfades.

pratibhâ – Intuition, Geistesgegenwart

purusha – Mensch, Essenz des Menschen, aber auch „das höchstes Wesen" oder „göttliche Persönlichkeit"; Purusha ist ein wichtiger Begriff der Yoga-Philosophie, er bezeichnet das Unbewegte, Unwandelbare gegenüber der sich stetig wandelnden und bewegten Urnatur (>prakriti).

R

rajas – wörtl. „Staub"; die zweite der drei gunas, die sich als aktives Streben, als Gier, Leidenschaft, Unrast und Wagemut äußert

râja-yoga – Der königliche Yoga ist das in acht Stufen gegliederte Yoga-System, das Patanjali in den Yoga-Sûtren ausgearbeitet hat. Die Stufen sind: 1. Gebote (yama) und 2. Disziplin (niyama), 3. Sitzhaltungen (âsanas), 4.

Atembeherrschung (prânâyâma), 5. Zurückziehen der Sinne (pratyâhâra), 6. Konzentration (dhâranâ), 7. Meditation (dhyâna) und Versenkung (samâdhi).

râma – indische Gottheit, die als Inkarnation Vishnus gilt; Râma verkörpert Recht und Gerechtigkeit.

rishi – Seher; vom Göttlichen inspirierter Dichter

S

samâdhi – wörtl. „Verbindung", „Vereinigung"; bezeichnet einen Zustand tiefer, meditativer Versenkung

samkhya - Weg der Erkenntnis durch Einsicht bzw. Reflexion

samsâra – Kreislauf von Geburt und Tod, steht synonym für die Leidenswelt

samyama – wörtl. „Sammlung", „Konzentration", „Selbstbeherrschung"; mit samyama werden die drei letzten Glieder des Yoga-Pfades (dhârâna, dhyâna, samâdhi) bezeichnet, die eng miteinander verwoben sind.

sattva – Reinheit, Klarheit, Ausgeglichenheit; eine der drei Gunas

shâstra – geoffenbarte Schrift

shiva – Innerhalb der hinduistischen Trinität (trimûrti = brahma, vishnu, shiva) vertritt der Gott Shiva den Aspekt der Auflösung und Zerstörung. Als Zerstörer von Unwissenheit verfügt er aber auch über eine positive, segensreiche Natur.

siddhi – verborgene, okkulte Kräfte

sukkha – Glück, Freude, Wonne; Gegenbegriff zu dukkha = Leiden

sûtra – wörtl. „Faden"; Werke, die aus kurzen Abschnitten, Leitsätzen, Aphorismen, zusammengefügt sind

T

tamas – Dunkelheit, Trägheit, Unwissenheit; eine der drei Gunas

tat – wörtl. „das". „tat" steht synonym für das unaussprechliche, letzte Seinsprinzip.

tat-tvam-asi – wörtl. „das bist du"; Wichtiger Lehrsatz der Vedânta-Philosophie, der auf die göttliche Natur eines Menschen hinweist

trimûrti – dreigestaltig; gemeint ist die Dreiheit von Brahmâ, Vishnu und Shiva, die als Schöpfer, Erhalter und Vernichter Aspekte der einen höchsten Wirklichkeit sind.

tyâga – Entsagung, Loslösung

V

vaishya – im indischen Kastensystem Bezeichnung für den dritten Stand: Bauern, Kaufleute

varna – Kastensystem der indischen Gesellschaft im Sinne der vedischen Literaur: 1. Priester, Lehrer (brâhmanas), 2. Krieger, Verwalter (kshatriya), 3. Bauern, Kaufleute (vaishya), 4. Arbeiter, Handwerker (shûdras)

vasudeva - der Vater Krishnas

veda, veden – wörtl. „Wissen"; zusammenfassende Bezeichnung für die ältesten Texte der indischen Literatur. Die Veden bestehen aus vier Traditionslinien: 1. Rigveda, der Veda der Verse; 2. Sâmaveda, der Veda der Lieder; 3. Yajurveda, der Veda der Opfersprüche und 4. Atharvaveda, der Veda des Atharvan, der Formeln für die Gesundheit und die Sicherheit der Gesellschaft enthält.

vedânta – wörtl. „Ende der Veden"; die vedânta-sutras des Bâdarâyana bilden die Grundlage der Vedânta-Philosophie, mit denen die religiösen Vorstellungen der Veden überwunden werden.

vijnâna – Erkenntnis, Intelligenz, Einsicht

vikarma – „Sünde"; Handlungen, die den

Anweisungen der heiligen Schriften
entgegenstehen

Vishnu – wörtl. „der alles
Durchdringende"; zweiter der göttlichen
Dreiheit (trimurti) Brahma-Vishnu-
Shiva; Vishnu gilt als Erhalter der
Schöpfung.

viveka – Unterscheidungsfähigkeit im
Hinblick auf metaphysische Fragen

Y

yama – äußere Disziplin, moralische
Selbstbeherrschung; das erste der acht
Yoga-Stufen im System Patanjalis; in
einer anderen Bedeutung ist Yama der
Gott des Todes und Herr der Unterwelt.

yoga – Vereinigung, Kontakt,
Verbindung; zu den klassischen Yoga-
Wegen zählen: Hatha-Yoga, Mantra-
Yoga, Kundalini-Yoga, Yantra-Yoga,
Bhakti-Yoga, Dhyâna-Yoga, Samâdhi-
Yoga, Kriya-Yoga, Karma-Yoga,
Savikalpa-Samâdhi-Yoga, Laya-Yoga und
Jnâna-Yoga. Daneben sind aber in
jüngerer Zeit neue Yoga-Wege, wie z. B.
der „Integrale Yoga" des Lehrers Sri
Aurobindo eingeführt worden.

yogamârga – der Weg des Yoga

yogi – ein Yoga-Übender bzw. einer, der
im Yoga Vollendung erlangt hat

yuga – Weltzeitalter, Zeitalter; in der indischen Tradition werden vier Weltzeitalter unterschieden, die sich ständig wiederholen. Es sind: 1. Satya-yuga, 2. Tetrâ-yuga, 3. Dvâparna-yuga und 4. Kali-yuga. Zusammengenommen währen die vier Yugas, in deren Verlauf die guten Eigenschaften immer mehr abnehmen, 4.320.000 Menschenjahre.

Über den Herausgeber:

Detlef B. Fischer wurde 1952 in Haltern am See geboren. Studium Design und Kunst in Düsseldorf und Münster. Ausübung von Zen-Meditation seit dem Jahr 1976. Im Jahre 1980 erhielt er in Paris die Ordination zum Zen-Lehrer „Sojo Bosatsu" durch den japanischen Zen-Meister Taisen Deshimaru. Nach dem Tod Deshimarus weiteres Studium bei verschiedenen Lehrern, u. a. bei Thich Nhat Hanh, Baker Roshi, Seung Sahn und Ryotan Igarashi. Im Jahr 1995 Gründung des "Zen-Instituts Münster e. V". Schriftstellerische Tätigkeit seit den 90er Jahren. Bücher von Detlef B. Fischer sind u. a.: "Neo-Zen /Grundzüge eines westlichen Buddhismus", "Das Tao der Kunst", "Die Reise nach Bagdad 1573-1976", "Bhagavad-Gita" und "Ashtavakra-Gita".